らっきょう三昧

生で 煮て 揚げて 炒めて

藤 清光
中山美鈴
写真 武居秀憲

農文協

目次

※レシピの材料は、3～4人分が目安となります。
※レシピ中のだし汁とは、昆布とかつお節でとったものです。

題字：藤清光
写真：武居秀憲
デザイン：北里俊明

甘酢漬けだけじゃもったいない！　生で、煮て、炒めて、揚げて

あなたも今日から　らっきょう三昧

シャリシャリとした歯ごたえ、個性的な香り らっきょうは生《なま》がうまい！

旬には旬のものを食べるといいますが、ことらっきょうに関しては採れたてを食べるということはあまりしません。甘酢漬けにしてしまうからです。でも、これだけではあまりにもったいない。らっきょうは、生《なま》で食べるのがじつにおいしいのです。生のまま薄くスライスして酢みそで食べてみてください。シャリシャリとした歯ごたえとともにらっきょうの刺激的な香りが口の中に広がり、お酒などあろうものなら何杯でもいけます。

じつはこの食べ方は、らっきょう生産日本一の鹿児島で学んだもの。鹿児島はらっきょう好きなら胃が痛くなるくらい、生のまま食べまくるところなのです。

煮れば、ねっちりもちもち てんぷら、炒めもの、焼いてもうまい

薩摩に学び、らっきょう料理に目覚めた私たちは、卵サンドに入れたり、アジのたたきの薬味にとさまざまなものに使ってみました。そして、気づきました。生のままサラダや和えものにするだけではない。煮たり焼いたり、炒めたり。時には玉ねぎのごとく、ねぎのごとく。らっきょうは、「生」の素材からいかようにも料理ができて、しかもうまい！　ということを知ったのです。

塩漬けすれば一年中、生感覚でおいしさ持続

しかし、ひとつ問題がありました。生らっきょうの出回る時期は六月から七月とごく短く、生で料理のできる時期は限られます。一年中、「生で、らっきょう」を楽しむにはどうするか？

そこで塩漬けの登場です。鹿児島では昔から、生らっきょうを塩で漬け保存しておいて、食べるときに塩抜きしていたのです。これなら生らっきょうと同じように料理に使うことができます。

これはオススメ、誰もが絶賛 黒糖と酢で漬ける「黒らっきょう」

甘酢漬けも薩摩式なら簡単です。生のらっきょうを黒糖と酢に漬けるだけ。甘酢を加熱したり、らっきょうを熱湯にくぐらせたり、あるいは塩漬けといった手間は必要ありません。色は黒ずんでいますが、黒糖のうまみによって特有のにおいが消え、甘酢にはコクが出て、漬け込むほどにその甘みはマイルドになり、一度食べたら病みつきになるのが、薩摩の「黒らっきょう」なのです。

甘酢漬けだけなんてもったいない！　旬には旬の食べ方ができて、毎日おいしさを楽しむことができるらっきょう。さあ、あなたも大いにらっきょうの日々を楽しんでください。

ラ、ラ、ラ、らっきょう!!

こんなに簡単!!
らっきょうと上手につきあうための

洗い方と下処理の基本

これまでらっきょうの下ごしらえは重労働だと思われてきました。一度はやってみたという人も、らっきょうの皮むきが気の遠くなるような夜なべ仕事で、もはや二度とはやらないと、挫折してしまう人が多いようです。

それはなぜか。「らっきょう＝《イコール》甘酢漬け」一辺倒に終止している人が多いのが、災いしているのではないかと思います。甘酢漬けともなると最低二〜三キロは漬け込みますから、どうしても延々と皮をむき続けることになってしまうのです。

鹿児島では、男性でも自分でつくって食べるのが、らっきょうです。なぜならそれくらい簡単に食べられるから。けっしてむずかしいものではないのです。

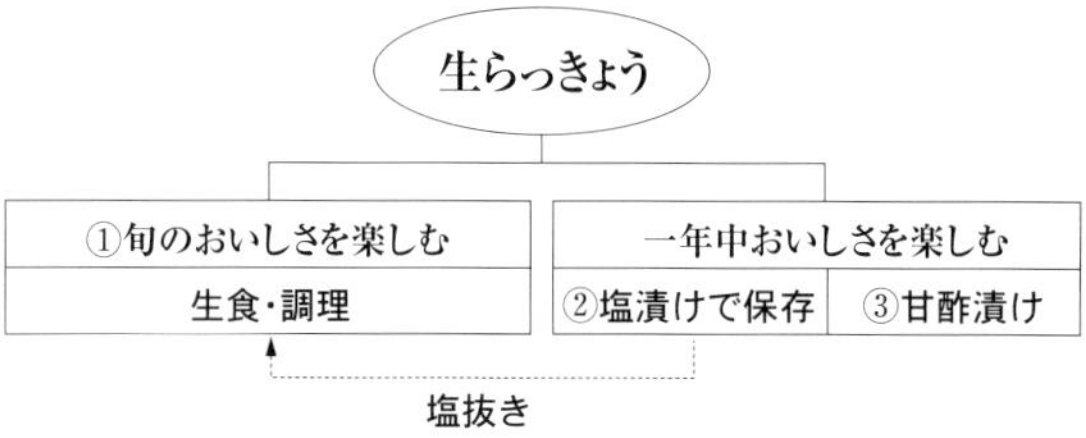

さて、この本のおすすめするらっきょうの利用法は、

①生の素材として利用し、旬に生のおいしさを楽しむ
②保存（塩漬け）しておいて、一年中、生の風味を楽しむ
③甘酢漬けで一年中、おいしさを楽しむ

ですが、下ごしらえで悲鳴を上げることはありません。

まず、①の「生の素材として利用し、旬に生のおいしさを味わう」。生らっきょうを調理するときはせいぜい一〇粒から二〇粒ですから、野菜の皮むきと同じ感覚で下処理できます。

②の「保存（塩漬け）しておいて、一年中、生の風味を味わう」。これはたいへんと思いきや、下ごしらえはわずか三分。らっきょうはすぐに芽が伸びるので、買ってきたらその日のうちに処理をしなければなりませんが、これならラクチン。塩抜きしたものは、生らっきょうと同じように料理に使うことができます。

そして、③の「甘酢漬け」。下処理のやり方は①と同じで、包丁ではなく、花ばさみを使うのがコツ。これなら座ってできます。

◆生の素材として利用するとき・甘酢漬けにするとき

①らっきょうは必ず土つきの新鮮なものを選ぶ。
②ボウルに入れて手早く水で洗って土を落とす。
③上下（茎と根）を花ばさみでチョン。
④よごれた薄皮をひと皮むく。

【ここがポイント】

根を切りすぎるとらっきょうが軟らかくなるので、ひげ根はつけねのぎりぎりのところで切り落とします。

花ばさみを使うと切り込みすぎず、座ったまま作業ができるので便利。らっきょうの皮むきは時間がかかるので、座って切りながらすると楽なのです。

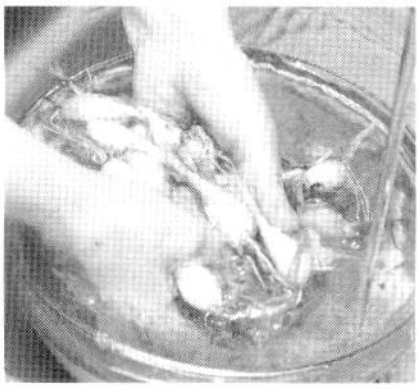
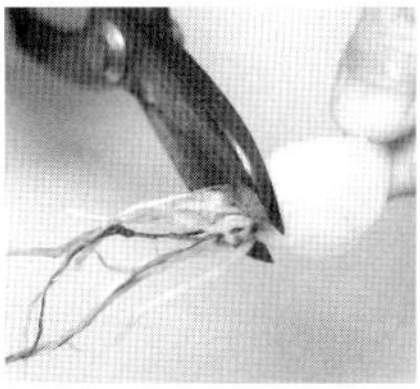

◆保存（塩漬け）するとき

①ボウルにらっきょうを入れて水で洗う。ごしごし洗うと、薄皮がむけてくるので、その程度でよい。手早く水を替え、もう一度洗う。
②五〜六パーセントの塩をふりかけ、らっきょう全体にまぶす。
③ポリ袋にらっきょうと鷹の爪も入れて、空気を抜いてかたく結ぶ。保存は冷蔵庫。
④食べるときに、上下を切って水に漬けて塩抜きする。塩からくなかったらＯＫ。

【ここがポイント】

手早くがポイント。神経質に洗う必要はありません。なぜなら、食べるときに食べる分だけ上下を切り取り、皮をむくので、この段階ではおおざっぱでいいのです。一キロ仕込んでも下ごしらえはせいぜい二〜三分。

冷蔵庫で半年から一年くらい保存できます。塩が片寄らないように、たまに袋の上からもんでください。

※塩抜きしたものは、8〜43ページの生らっきょうを使う料理すべてに応用できます。

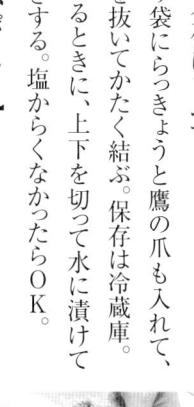

生で、らっきょう

生で、らっきょう

生らっきょうの少し刺激的な風味と酢みそとの相性のよさにびっくりしました。

酢みそは、かけて歯ごたえのよさを味わうのもよし、和えてしんなりさせ、マイルドにしてたくさん食べるのもよし。

鹿児島では、切り方も薄くスライスしてシャリシャリ感を楽しむ人もいれば、たたいてコリコリした食感を好む人もいたり、とにかく、生らっきょうの食べ方ひとつにさえいろいろな味わい方があります。どうぞ、お好みで。

酢みそかけ

【材料】
生らっきょう……食べたいだけ
酢みその分量
みそ（米、麦、合わせみそなど。豆みそ以外はなんでもよい）……100g
柑橘酢……大さじ6杯
砂糖……大さじ3杯

【つくり方】
①生らっきょうを薄くスライスする。
②材料を合わせて酢みそをつくり、らっきょうにかける。または和える。

【ひと言】
酢みそにちりめんじゃこや、イリコ（煮干し）を乾煎りしてポキポキ折って加えると、ものすごくおいしくなります。

柑橘酢がないときは、市販の醸造酢大さじ4杯に、だし汁大さじ2杯と酒少々を加えます。

酢じょうゆかけ

【材料】
生らっきょう、かつお節
……食べたいだけ
酢じょうゆの分量
柑橘酢、濃口しょうゆ、だし汁
……同量
砂糖……少々

【つくり方】
①生らっきょうを、好みでスライスするか、すりこぎなどでたたいて、たたきらっきょうにする。
②酢じょうゆをつくる。
③らっきょうにかつお節をかけ、酢じょうゆをかけていただく。

【ひと言】

だいだいやかぼすなどの果汁は酸味と風味がやわらかなので、私は柑橘酢をよく使いますが、なければどんな酢でもかまいません。らっきょう酢があれば、なお簡単（48ページ参照）。この料理は和えずに、食べるときにかけるほうがいいです。

オイルサーディン和え

【材料】
生らっきょう、オイルサーディン
……食べたいだけ
青じそ（お好みで）……適量

【つくり方】
①生らっきょうをすりこぎなどでたたく。
②オイルサーディンは油を切って、食べやすい大きさに切る。
③青じそを千切りにする。
④食べるときにすべての材料を和える。

【ひと言】

これは私の好きな食べ方で、洋酒に合います。食べるときにレモンやかぼすを絞るとよりおいしい。青じそのほかに、ねぎや三つ葉などもいいです。

らっきょうのにぎり、細巻き

生春巻き

らっきょうのにぎり、細巻き

エシャロットのにぎりはときどき見かけますが、鹿児島のすし屋さんで初めて「らっきょうにぎり」を食べたときは、新鮮な驚きでした。生でらっきょうを食べる地域ならではのタネだと思いました。さすが、鹿児島。

魚ばかりのタネの口直しにもってこい。なかなか粋なもんです。家庭では手巻きずし風にすれば、手軽にいただけます。

【材料】

米……5カップ

昆布……手のひらサイズ1枚

合わせ酢の分量

酢……150cc

砂糖……大さじ3杯

塩……少々

生らっきょう……食べたいだけ

梅肉……少々

青ねぎ……適量

焼きのり……食べたいだけ

【つくり方】

①米をといでザルに上げ、1時間ほどおく。

②米と同量の水を加え、昆布を入れて炊く。

③ご飯が炊き上がったら、合わせ酢の材料をなべに入れて加熱し、熱いままをご飯にかけてまぜ、すし飯をつくる。

④生らっきょうを丸のまま、酢に5分ほど浸す。

⑤らっきょうをふいて、スライスする。

⑥のりの上にすし飯を広げ、らっきょうとねぎをのせて、巻く。あるいは、軍艦巻きにして梅肉をのせる。

【ひと言】

酢に軽く浸すことでらっきょうのうまさが引き出されます。軽く塩もみして酢に浸けると、らっきょうがよりマイルドになります。

生春巻き

生でらっきょうなんて食べたことない、でも食べてみたいという「生《なま》初心者」にオススメなのがコレ。ほかの生野菜や魚介類と一緒に包むと、なんとまあ食べやすくておいしいことか。

パーティ料理にも目先が変わっていいでしょう。エスニックな一品です。

【材料】

生らっきょう、きゅうり、にんじん、海老……食べたいだけ

生春巻きの皮（ライスペーパー）……食べたいだけ

【つくり方】

①生らっきょうはよく洗ってふく。

②きゅうり、にんじんは千切りにする。

③海老はゆでて皮をむき、背わたと尾をとり、食べやすい厚さに切る。

④生春巻きの皮を1枚ずつ水にさっとくぐらせて戻す。

⑤すぐに戻るので、戻しながら、上に具をのせてくるくる巻く。

⑥好みのたれをつけていただく。

【ひと言】

ご家庭にあるどんなドレッシングでも合います。ナンプラーでも、もちろんいいです。酢みそでも合います。

豚しゃぶ

ぶっかけそうめん

アジのたたき

豚しゃぶ

これはらっきょうのための豚肉料理です。なぜなら、タレにもらっきょうを刻み、らっきょう酢（甘酢らっきょうの漬け汁）も加え、豚肉とともに生らっきょうそのものも食べるという料理だからです。

　とにかく、らっきょうを食べることで豚肉がうまいという、主客転倒の一品です。

【材料】
豚肉、生らっきょう
　……食べたいだけ
青ねぎ、しょうが、スプラウト
　……適量
タレの分量
　らっきょう酢、柑橘酢、濃口しょうゆ……同量

【つくり方】
①豚肉をしっかりゆでてペーパータオルなどで水気をとる。
②しょうがは千切り、青ねぎは小口切りにする。
③生らっきょうは食べやすい大きさに切るか、すりこぎなどでたたく。
④タレ用の生らっきょうを好きなだけみじん切りにして、タレにまぜる。

【ひと言】

　豚しゃぶを盛りつけて冷蔵庫で冷やしておくとよりおいしいです。夏のビールには最高。牛肉でも鶏肉でも応用できます。鶏肉なら酒をふりかけて蒸すと抜群。

ぶっかけそうめん

私はそうめんを食べるときに、つゆが薄くなるとらっきょう酢を加えたり、梅干しをくずし入れて、新たな味を楽しみます。これはその応用。しかも、薬味を多彩に加えます。

　その薬味にもらっきょう。そして、かけ汁はだし汁にらっきょう酢を加えるだけ。簡単ですが、すっきりとしていて食が進みます。

【材料】
そうめん……食べたいだけ
生らっきょう、きゅうり、青ねぎ、みょうが、しょうが、青じそ、干し椎茸、梅干し、ごま
　……食べたいだけ

そうめんつゆの分量
　だし汁、らっきょう酢……適量

【つくり方】

①干し椎茸は戻して、戻し汁にしょうゆと砂糖（分量外）を加えて甘辛く煮る。

②生らっきょう、きゅうり、みょうが、しょうが、青じそを千切りに、青ねぎを小口切りにする。

③そうめんをゆで、水で洗う。

④だし汁にらっきょう酢を好みの量加える。

⑤どんぶりにそうめんを入れて、その上に具材を盛りつけ、つゆをかける。

【ひと言】

　そうめんをつゆにつけて食べるよりも、最後まで同じおいしさで食べられます。全部を冷たくして、お客さんへのおもてなしにもどうぞ。

　ごま油を数滴落とし練りがらしを加えると、冷麺風でこれもまたイケます。

アジのたたき

　アジのたたきといえば、ねぎとしょうがは薬味に欠かせません。土佐の「カツオのたたき」ならにんにくは不可欠。

　そこで私なら、らっきょうときたもんだ。生らっきょうのもつ個性的な香りと、細かく刻んだときのシャリシャリとした食感が、青魚のうまさを引き立たせてくれて、ひと味違った「たたき」になります。

【材料】

アジの刺身……1尾分
生らっきょう……3、4粒
塩わかめ、青じそ、しょうが、みょうが……食べたいだけ
かぼすなどの柑橘類……適量

【つくり方】

①生らっきょうをみじん切りにする。

②塩わかめを水で戻してかたくしぼり、適当に切る。

③しょうがをすりおろす。

④みょうが、青じそを千切りにする。

⑤アジの刺身をらっきょうと和え、その他の薬味とともに器に盛る。

【ひと言】

　たたきというと、刺身と薬味を合わせて包丁でたたきますが、ざっくり薬味と和えたほうが刺身のおいしさが味わえます。らっきょうだけでなく、青じそ、しょうが、みょうがすべてを混ぜてもおいしく、かぼすなどをちょっと絞れば、さらに味がしまります。

卵サンド

卵サンド

レストランで卵サンドを注文すると、むかしはきゅうりのピクルスがついてくるのが常でした。私は、そのピクルスをサンドイッチの中に挟んで食べていました。

そこで、らっきょう。これが、もうどうしようもなく合うのです。卵だけだとグチャ、でもらっきょうが入ったらシャキシャキ。このバランスがたまらないのです。

【材料】
パン、生らっきょう、卵
……食べたいだけ
パセリ、マヨネーズ……適量
塩・こしょう……少々

【つくり方】
①卵をかためにゆでて、小さく切る。
②生らっきょうを小さく刻む。
③パセリをみじん切りにする。
④卵、らっきょう、パセリをマヨネーズとまぜ、塩・こしょうで味を調える。
⑤パンにサンドする。

【ひと言】
生らっきょうのピリッとした風味が生きた大人のエッグサンドです。クラッカーにのせてもよく、洋酒にも合います。

らっきょうとエシャロットの不思議な関係

◎国産エシャロット

鹿児島のおすし屋さんのように、らっきょうは一般的なすしダネではありませんが、近年オシャレなタネとして、カウンターなどで「エシャロット」を見かけるようになりました。スーパーでも葉つきのエシャロットは西洋野菜のひとつとして定番化し、酒のつまみやつけあわせに、生のまま食べられています。

この野菜を本物のエシャロットだと思っている消費者も多いようですが、全くの誤り。本来のエシャロットとは別種です。国産のエシャロットは、らっきょうを早採りして「エシャロット」という商品名で売り出しているもの、つまり和製エシャロットなのです。

本物のエシャロットはフランス語でechallot、英語ではshallot（シャロット）、ユリ科ネギ属の玉ねぎの変種で、ヨーロッパ、アフリカ原産です。形も玉ねぎを少しひょろ長くした小ぶりの球形で、外の薄皮は玉ねぎ色、すべて輸入品です。

らっきょうは同じくユリ科ネギ属ですが、中国原産。日本にはいつごろ渡来したかははっきりしませんが、平安時代にはすでに薬用とされ、江戸時代には野菜として普及しました。甘酢漬けが一般化してからは、鹿児島のような生食は珍しくなりました。

もともとらっきょうの品種は少なく八つ房、らくだ、玉ラッキョウなど数種しかありません。分球することで小さくなるので、たいていは二年目くらいのものを出荷用にしています。近年それとは逆に、もやし栽培のようにして軟白した葉つきの若採りを生食用に出荷しているのが「エシャロット」です。

本書を読まれて、「えっ！　らっきょうを生で食べるの？」と思っている人も、じつはエシャロットという名で、らっきょうを知らないうちに生食していたのです。

逆の見方をすれば、生食としてのらっきょうを、和製エシャロットが根づかせたということにもなるわけです。

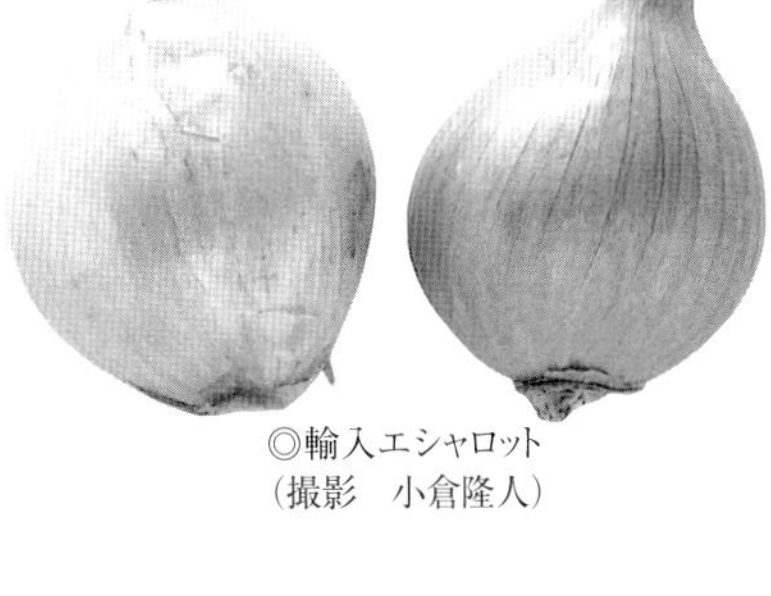
◎輸入エシャロット
（撮影　小倉隆人）

卵焼き弁当

卵焼き弁当

お弁当は行楽のためのごちそうをつめたものばかりではありません。ふだんの弁当もいいものです。

梅干しが主役の「日の丸弁当」こそ、その原点。麦飯に、せいぜい前の晩のおかずの残りを少し入れてつくったくらいのもの。でも、なぜか飽きのこないよさがあるのが、ふだんの弁当なのです。

たまに卵焼きでも加われば、もう上等。そう、みんなが大好きな卵焼きは、お弁当のおかずの定番ともいえるもの。そこに、なぜらっきょうかというと、単純においしい組み合わせだから。らっきょうの嫌いな人でさえ、気づかずに食べてしまうくらいです。卵焼きがめんどうなら、フライパンでガーッとかきまぜて炒り卵にしたっていいんです。

弁当だ！　卵焼きだ！　らっきょうだ!!

【材料】
- 卵……3個
- 生らっきょう……10粒
- 砂糖……適量
- 塩……少々
- しょうゆ……少々

【つくり方】
①らっきょうを小さく刻む。
②卵を溶きほぐし、らっきょうと調味料を加え、好みの味に調える。
③フライパンを熱して油をひき、少しずつ卵を入れて巻きながら焼く。

【ひと言】
甘〜い卵焼きか、それとも塩味か、しょうゆのきいた味か。私は、その日の気分と弁当のおかず次第。らっきょうが少々入っても気にならないので、卵の増量にもなるし、ヘルシーなので、ぜひお試しください。炒り卵や鶏そぼろの中に入れてもいいです。

鶏そぼろ

【材料】
- 鶏ひき肉……200g
- 酒……50cc
- 粉黒糖……大さじ3杯強
- 濃口しょうゆ……50cc
- しょうが……親指大

【つくり方】
①なべにたっぷりの水をはり、鶏ひき肉をほぐしながら入れて加熱し、数本の箸でかきまぜながらしっかりゆで、ザルに上げる。
②しょうがをすりおろす。
③なべに調味料を全部入れてゆでたひき肉、しょうがの絞り汁を加えて、汁気がなくなるまで木べらを使って炒りつける。

【ひと言】

ミンチをそのまま味つけするより、下ゆでしたほうがあっさりしておいしく食べられます。湯豆腐にかけてもいいですし、ご飯に混ぜたりおにぎりの中に詰めてもいいです。

きんぴらごぼう

【つくり方】
①ごぼうはタワシで洗い、ささがきか千切りにする。水にさらさないこと。
②にんじんは千切りにする。
③洗いごまを炒って、すり鉢でする。
④フライパンを熱して油をひき、ごぼうとにんじんを入れて炒め、砂糖としょうゆで好みに調味する。
⑤すりごまをかける。好みで一味とうがらしを加える。

【ひと言】

軟らかめのきんぴらにしたい人は、調味する前に水を加えて少し煮てください。ポイントは、ごぼうを水にさらさないこと。水にくぐらせることもしません。それが、おいしさの決め手です。ごぼうのもつ風味が１００％生きます。


【おまけにひと言】

最近のお弁当はおかずばっかりでご飯がちょっぴりの傾向にあるようですが、私の弁当はご飯しっかり、おかずちょっぴり。その日にできるものや、前の晩のおかずの残りを詰めます。たとえば、ピーマンの油炒めや煮物の残り、きんぴらごぼうにウルメイワシの干物をさっとあぶったもの。ご飯のなかほどには、焼きのりをバリバリやぶってのせ、しょうゆをぐるっとひと回しかけて、その上からご飯をのせています。おかずが足りないときに便利。のりがしっとりしてしょうゆ味だけなのにおいしいです。


子どもさん用には、イリコさんを乾煎りしてのせました。イリコさんは、乾煎りしてバターをひとかけ加えると、弁当のおかずだけでなく、酒のつまみにもなります。パセリをみじん切りしてふりかければ、バッチリです。イリコさんはもちろん、頭も内臓もとりません。すべて食べるのがいいのです。

焼きらっきょう

スタミナ砂ずり

焼きらっきょう

ただ焼くだけなのに、らっきょうのうまみと甘みがにじみ出てくるから不思議。たけのこや大根、ピーマン、玉ねぎを焼くと独特な香りや甘みが出てくるのと同じです。

塩をぱらりと振って食べてもよし、しょうゆをちょっとつけて食べるのもよし、酢みそも。食べ方もいろいろです。

らっきょう通の、究極の酒の肴。生《き》一本の料理です。料理とは、結局は素材に手を加えすぎないのが肝心だということを知らしめてくれる「焼きらっきょう」なのです。

【材料】

生らっきょう……食べたいだけ

塩、しょうゆ、ポン酢、酢みそなど（お好みで）……適量

【つくり方】

①生らっきょうを洗ってふきんなどで水気をとる。

②香ばしくらっきょうを焼く。

【ひと言】

らっきょうを焼くなら炭火が最高ですが、ガスでもだいじょうぶ。焼き鳥の要領で串に何個か刺すと、焼きやすいです。

何をつけて食べるかはお好みで。砂糖じょうゆやにんにくじょうゆ、かぼすをジュッと絞るだけでもいいもんです。

らっきょうが大ぶりのものだったら、半分に縦割りにして焼くと火が入りやすいです。焼き鳥屋さん風に、ベーコン巻きにしたり、にんにくを交互に串刺しにしたり、焼いた後にしそ巻きにしたり、スライスチーズにくるんで食べるのもおつなものです。らっきょう好きのお客さんのおもてなし料理にオススメです。

スタミナ砂ずり

男の人が好きな砂ずり。塩味の焼き鳥もいいけれど、豆板醬とにんにくでピリッとパンチの効いた炒めものもおいしい。

とくにうまみを全部吸い取ったらっきょうがたまりません。砂ずりのコリコリとらっきょうのシャリシャリがマッチしていて、これがまたどんな酒にも合うのです。酒泥棒で困ってしまいます。

【材料】
生らっきょう……10粒
砂ずり(砂肝)……200g
パプリカ……1個
にんにく……2片
しょうが……親指大
しょうゆ……大さじ1杯
豆板醬……大さじ1杯
塩……少々
油、ごま油……適量

【つくり方】
①砂ずりをよく洗い、表面の白く薄っぺらいところを切り取る。
②生らっきょう、にんにく、しょうがを薄くスライスする。
③砂ずりを軽くゆでる。
④パプリカを千切りにする。
⑤なべを熱して油をひき、にんにく、しょうが、砂ずりを入れて炒める。
⑥調味して、最後にらっきょうとパプリカを加え、ごま油を入れてまぜる。

【ひと言】
らっきょうは火を通しすぎないのがポイント。最後にさっとからめるくらいです。豆板醬がないときは一味とうがらしでもOK。砂ずりを薄く切ると歯の弱い人でもおいしく食べられます。

沖縄てんぷら

チャンプルー

沖縄てんぷら

沖縄のてんぷらは衣に味がついているので、てんつゆいらず。どんなものでもてんぷらにできます。らっきょうのてんぷらに出会ったのは那覇の居酒屋でした。もってりとした衣に包まれて、ちょっと塩味がついていて、泡盛やビールのつまみに最高。すっかり気に入りました。

かぼちゃやさつまいも、にんじん、いんげん、白身の魚なども手軽に揚げられる沖縄てんぷらは、おかずにもなれば、子どものおやつにもなります。冷めてもおいしく、お弁当のおかずにもよく合います。でも、らっきょうのてんぷらだけは酒の肴ですね。

【材料】

生らっきょう、かぼちゃ、いんげん、さつまいも、にんじん、白身の魚など……食べたいだけ

衣の分量

小麦粉……2カップ

水……1カップ

薄口しょうゆ……50cc

揚げ油……適量

【つくり方】

①野菜は食べやすい大きさに切る。

②ボウルに衣の材料を入れて泡立て器でよくまぜる。

③てんぷらなべにたっぷりの油を入れて、まずらっきょうに衣をつけて揚げる。

④ほかの野菜も、火の通りやすいものから揚げる。

【ひと言】

本場の沖縄てんぷらは、衣に砂糖や卵を加えて、厚衣にします。好みで砂糖や卵を加えてみてください。

チャンプルー

　沖縄の定番おかず、チャンプルー。その主役はゴーヤーがもっともポピュラーです。でも、いろんなチャンプルーがあって、島らっきょうもそのひとつ。チャンプルーに欠かせない豆腐と一緒に炒めます。卵でとじず、昔風にかつお節をのせるだけであっさりと仕上げるのがポイントです。

【材料】
生らっきょう……10～20粒
木綿豆腐……1丁
油……大さじ1杯
塩……小さじ1杯
しょうゆ……適量
かつお節……適量

【つくり方】
①豆腐の水切りをし、食べやすい大きさに切る。時間のないときは4分の1に切ってペーパータオルなどでぐるぐる巻きにしておくと早い。
②生らっきょうは粒のままか、大きいものはスライスする。
③フライパンを熱して油をひき、豆腐を入れて焦げ目ができるまで両面を焼く。
④らっきょうを加えて調味料で味を調え、最後にかつお節を加える。

【ひと言】

　沖縄ではいろんなものをチャンプルーにしますが、このらっきょうのチャンプルーはものすごくたくさんらっきょうを食べられて、しかも万人向きのおいしさです。島らっきょうでなくてももちろんできます。

煮らんきょ

みそ煮

焼きそば

煮らんきょ

らっきょう好きな私は、らっきょう漬けは漬けたてが大好き。シャリシャリとして鼻につんとくるのがいいのです。その歯ごたえとは正反対なのが、「煮らんきょ」です。福岡・筑豊地方のふるさと料理。この地方ではらっきょうのことを「らんきょ」といいます。これがまた、うまい！　もちもち、ねっちりして、まったくべつなうまさを引き出しているらっきょうにびっくり。鯨のオバイケ（さらし鯨）と煮たり、イリコで煮たりもします。

【材料】
生らっきょう……３００g
イリコ……軽くひとつかみ
砂糖……大さじ2杯
濃口しょうゆ……50cc
水……１００cc

【つくり方】
①なべに生らっきょうとイリコ、調味料を全部入れて煮る。

【ひと言】

さっと煮るもしっかり煮含めるも、あなた次第。らっきょうをやわらかくしたい人は、汁気がなくなるまでじっくり弱火で煮てください。軽い歯ごたえを残したいときは、らっきょうの様子をみて早めに火を止めてください。好みで鷹の爪を加えると味がしまります。

みそ煮

「煮らんきょ」を知って、みそ味でもつくってみました。みその風味がらっきょうにからまってうまいこと！　ぶつ切りのかしわを入れるとかしわのうまみも加わってさらにおいしい。みそで煮ることで肉がやわらかくなり、骨離れもよくてほろほろとなります。ご飯の友、お弁当のおかずにもオススメです。

【材料】
生らっきょう……20粒

鶏のぶつ切り……300g
みそ……大さじ4杯
砂糖……大さじ4杯
酒……40cc
青ねぎ……適量
洗いごま……少々

【つくり方】

①ごまを炒る。
②鶏のぶつ切りをたっぷりの水でゆでて、脂抜きをする。
③青ねぎは2~3センチくらいの長さに切る。
④生らっきょうと鶏肉をなべに入れて、ひたひたより少なめの水を加えて火にかける。
⑤みそと砂糖を酒で溶き、煮立ってきたら調味して、弱火でじっくり煮る。
⑥味が煮含まってきたら青ねぎを加え、最後にごまを指でひねりつぶしながらかける。

【ひと言】

しょうゆ味の煮らんきょが酒の友なら、こちらはご飯の友。子どもでも食べられるおいしさです。好みで鷹の爪を加えてもいいです。

焼きそば

野菜炒めに玉ねぎは欠かせませんよね。野菜炒めにそばを加えたら焼きそば。その焼きそばにらっきょうを入れてみたら、らっきょうが欠かせない！　つまり、野菜炒めにも合うのです。玉ねぎにはない歯ごたえがあって、らっきょうの存在感がありながらもそばのおいしさをじゃましません。新感覚の焼きそばです。

【材料】

生らっきょう、キャベツ、にんじん、もやし……食べたいだけ
豚肉……食べたいだけ
やきそば麺……食べたいだけ
油……適量
塩・こしょう、ソース……適量

【つくり方】

①野菜を好みの大きさに切る。
②生らっきょうは薄くスライスする。
③豚肉は軽くゆでて脂抜きをして、食べやすい大きさに切る。
④やきそば麺を洗ってほぐす。
⑤フライパンを熱して油を引き、野菜と豚肉を炒めて、麺を加えて調味する。

【ひと言】

炒めものは手早く調理するのがポイントです。強火で一気に炒めます。野菜の水分が出るので、少し味を濃い目につけたほうがおいしいです。

焼き飯

どんぶり

一銭焼き

焼き飯

しょうゆ味にかつお節の風味を効かせた、やさしい味の和風焼き飯です。香ばしさが食欲をそそります。らっきょうがあれば、いろいろ具がいらないのもこの焼き飯のよさ。これにも、やっぱり卵が合うんです。

【材料】
生らっきょう……食べたいだけ
いんげん……適量
卵……1~2個
ご飯……食べたいだけ
油……適量
塩・こしょう……適量
しょうゆ、かつお節……適量

【つくり方】
①生らっきょうは薄くスライスする。
②いんげんはゆでて適当に切る。
③卵を割りほぐしておく。
④フライパンを熱して油をひき、卵を炒りつけ、ご飯、らっきょうの順に加えて炒め、塩・こしょうで味をつける。
⑤しょうゆを回しかけ、かつお節を加えて、最後にいんげんをちらす。

どんぶり

らっきょうと卵の相性のよさを再確認したくてつくったのがどんぶりです。具はシンプルにらっきょうだけでもいいくらい。肉もいらない。半熟のとろりとした卵のおいしさと、らっきょうの歯ごたえを楽しんでください。

【材料】
生らっきょう……食べたいだけ
卵……2個
生椎茸……1枚
濃口しょうゆ、砂糖
……各大さじ2杯
だし汁……1カップ
ご飯……食べたいだけ
春菊または三つ葉……適量
焼きのり……適量

【つくり方】
①らっきょうは薄くスライスし、椎茸と春菊（三つ葉）は適当な大きさに切る。
②卵を割りほぐしておく。
③だし汁に調味料を加えて火にかけ、らっきょうと椎茸を入れて煮る。
④具材に火が通ったら卵でとじる。
⑤ご飯にかけ、焼きのりと春菊（三つ葉）を散らす。

一銭焼き

お好み焼きをシンプルにしたもので、食べ物が不足した戦後につくられていました。生地は小麦粉と水だけで卵を入れず、具はもやしと青ねぎと揚げ玉（天かす）が入るのがせいぜい、肉も魚介類も入りません。シンプルなのがいいのです。

薄～く小麦粉を溶いて、薄～く焼いて、ソースかしょうゆ味で食べるのです。ソース味なら「一銭洋食」と呼ばれ（主に関西で食べられていた）、しょうゆ味なら「一銭焼き」（九州での呼び名）。私の好みはどちらかというと、あっさりしたしょうゆ味。これにらっきょうと、紅しょうがをちょっと加えます。ビールのつまみに2、3枚はぺろり。味の決め手は、削り節と揚げ玉です。

【材料】
小麦粉……2分の1カップ
水……200cc
もやし、生らっきょう、揚げ玉（天かす）……食べたいだけ
油、削り節、ソースまたはしょうゆ……適量

【つくり方】
①小麦粉を水で溶く。
②生らっきょうは薄くスライスする。
③もやしは洗って水気を切る。
④フライパンを熱して油をひき、水溶きした小麦粉を薄くのばしてらっきょう、もやし、揚げ玉をのせて焼く。
⑤材料にほぼ火が通ったら、水溶きした小麦粉を具の上にかけて返し、両面を焼く。
⑥返した面に火が通るまでじっくり焼く。

【ひと言】
クレープくらいの薄さと思って焼いてください。甘いおやつだけでなく、こういうシンプルなおやつもたまにはいいでしょう。

らっきょう漬け いろいろ

らっきょう漬けいろいろ

黒らっきょう

　らっきょうの甘酢漬けといえば白いものと思われていますが、鹿児島には黒いらっきょう漬けもあります。さすがに黒の文化があるところ。あっさりとした、さわやかな甘さは白砂糖では出せません。不思議なほど黒糖の雑味はなく、むしろらっきょうの刺激的な味を食べやすく調和してくれるのです。食べんとわからん、このうまさ。

【材料】
生らっきょう……1kg
黒糖……200g
酢……かぶるくらい

【つくり方】
①生らっきょうをよく洗って、根と茎を花ばさみで切り、ひと皮むく（6ページ参照）。
②ふきんでふき、水気をとる。
③熱湯消毒をしたビンにらっきょうを入れ、黒糖を上から入れ、かぶるくらいに酢を注ぐ。
④2週間くらい経つと自然に黒糖が溶けてくる。こうなれば、もういつでも食べられる。

【ひと言】
　びっくりするようなおいしさです。時間が経つほどマイルドになり、べたべたした甘さがありません。白砂糖を減らしてみたからといって、この味は出せません。

甘酢らっきょう

　らっきょうは白くなくてはダメという人は、簡単なこの方法でどうぞ。黒らっきょう同様に、つけ汁を加熱しなくてもいいのです。

【材料】
生らっきょう……2kg
グラニュー糖……500g
塩……少々
酢……1800cc
鷹の爪……2、3本

【つくり方】

①生らっきょうをよく洗って、根と茎を花ばさみで切り、ひと皮むく（6ページ参照）。

②ふきんでふき、水気をとる。

③熱湯消毒をしたビンにらっきょうを入れ、グラニュー糖と塩を入れてその上から酢を並々とそそぎ、鷹の爪を好みの量入れる。1週間ほどしたら食べられる。

【ひと言】

甘いのが嫌いな人は最初から甘くせず、あとから砂糖を足す方法でお試しください。らっきょう酢はいかようにも料理につかえますので、たっぷりつくっておきましょう。

梅友漬け

甘酢漬けに、よく洗った青梅を加えます。らっきょう2㎏に青梅10個くらい。

山椒漬け

山椒の実をよく洗ってふいてザルに広げて干し、甘酢漬けに加えます。らっきょう2㎏に山椒100g、鷹の爪少々。

しそ漬け

赤じそをよく洗って塩をしてよくもんでアクを出し、かたく絞って甘酢漬けに加えます。赤じその量はお好みでかまいませんが、らっきょう2㎏に30～40枚が目安です。

【ひと言】

梅、しそ、山椒はらっきょうの香りを薄める効果があります。らっきょうの香りが苦手という人にオススメです。昔の人はらっきょうは梅のそばに置くな、相性が悪いので互いに嫌うというのですが、全くそんなことはありません。

しそ漬けは赤く染まるのがよさ。料理につけあわせにいいと思います。

山椒漬けも、山椒のもつ香りが勝っていてらっきょうの香りがほとんど消えます。漬けた山椒は煮魚料理に加えると、魚特有の臭みをとってくれます。

らっきょう酢のピクルス

らっきょう酢のピクルス

イリコ一番漬け

私はイリコさんが大好き。だしだけではもったいない。頭や内臓をとるなど、どうしてできましょう。そうめんつゆやうどん、煮物に欠かせません。丸ごとご飯にも炊き込みます。てんぷらにも佃煮にもします。そんな「イリコ」通の私がオススメしたいのがこれです。生臭いのではないかと思う人こそ、ぜひつくってみてください。すぐになくなること、請け合います。

【材料】
イリコ……食べたいだけ
らっきょう酢……かぶるくらい

【つくり方】
①イリコをフライパンでポリシャリするまで弱火で乾煎りする。粉がでるので、ザルでふるい冷ます。
②熱湯消毒をして乾燥させたビンにイリコを入れ、かぶるくらいにらっきょう酢を注ぐ。

【ひと言】

漬けて1週間ほどするとやわらかくなります。つくりたてもおいしいですが、このくらいが最高においしいです。

きゅうり漬け

【材料】
きゅうり……食べたいだけ
らっきょう酢……かぶるくらい
塩……適量

【つくり方】
①きゅうりに塩をして板ずりし、洗ってきれいにふきあげる。
②きゅうりの上下を少し切り落とし、親指サイズに切る。
③ビンのなかにきゅうりを入れ、かぶるくらいにらっきょう酢を注ぐ。

【ひと言】

大きなビンなら、きゅうりは切らずに漬けてもOK。すきまがないくらいにびっしり詰めるのがコツ。

洋風

【材料】
セロリ、玉ねぎ、パプリカ、ピーマン
……食べたいだけ
らっきょう酢……かぶるくらい
【つくり方】
①セロリは筋をとらず、斜め切りにする。
②玉ねぎは薄くスライスする。
③ピーマン、パプリカは中の種をとり、薄く切る。
④全部の材料をボウルでまぜ、ビンに入れてらっきょう酢を注ぐ。
【ひと言】

この材料のなかでは玉ねぎが主役です。玉ねぎだけでもいいくらい。生で食べると玉ねぎはぴりぴりしますが、らっきょう酢に漬けるだけでものすごく食べやすく、甘くておいしくなります。新玉ねぎならいうことなし。

キャベツサワー漬け

【材料】
キャベツ、にんじん、にんにく、しょうが……食べたいだけ
らっきょう酢……材料がかぶるくらい
塩……適量
【つくり方】
①キャベツはやや大きめにザクザク切る。
②にんじん、しょうがは薄めに切る。
③にんにくは薄切りにする。
④ボウルにキャベツ、にんじん、にんにく、しょうがを入れて塩をふってもみ、しばらくおいて、野菜がしんなりしたらかたく絞る。
⑤ビンに材料を入れ、かぶるくらいにらっきょう酢を注ぐ。
【ひと言】
つくったその日から食べられます。

なます風

【材料】
大根、にんじん、昆布
……食べたいだけ
らっきょう酢……かぶるくらい
塩　適量
【つくり方】
①昆布をぬれふきんでさっとふき、はさみで小さく切る。
②大根は大きめの拍子木切りにする。
③にんじんも拍子木切りにする。
④大根、にんじんをボウルに入れて塩をしてまぜる。
⑤大根がしんなりしたら硬く絞る。
⑥ビンに昆布と大根、にんじんを入れてらっきょう酢を注ぐ。
【ひと言】
大根の代わりにかぶでもいいです。

あちゃら漬け

ゴーヤーピクルス煮

あちゃら漬け

とうがらしを入れた酢漬けのことを、あちゃら漬けといいます。江戸時代の料理書にも「阿茶羅漬」の名で出てくる古い料理で、夏場の保存食にもよくつくられていたそうです。ペルシャ語のアチャール（漬物の意味）が語源だとか。

昔はれんこん、にんじん、ごぼう、うりや凍りこんにゃく、しょうが、きくらげなどの野菜のほかに、魚介類も入れてつくっていたそうです。今はつくる家庭も少なくなりましたが、らっきょう酢を使うと簡単です。もっと手軽につくってほしい一品です。

【材料】

新れんこん、新ごぼう、きくらげ、にんじん、きゅうり、新しょうが……食べたいだけ
らっきょう酢……2カップ
鷹の爪……適量

【つくり方】

①れんこんの皮をむき、酢水でゆでて、薄く輪切りにする。
②ごぼうはタワシでよく洗って、短冊に切って酢水でゆでる。
③きくらげは水で戻して千切りにする。
④にんじんは薄く輪切りにする。
⑤きゅうりは塩で板ずりして洗い、やや厚めに輪切りにする。
⑥しょうがは薄くスライスする。
⑦全部の材料を合わせてらっきょう酢をかけ、鷹の爪を入れる。

【ひと言】

材料を薄く切るのがポイント。つくりたてより、一、二時間ほど漬けこんでから食べるのがおいしいです。保存は冷蔵で、一週間くらいはおいしく食べられます。漬け汁は捨てずに薄くなった分を酢や砂糖を加えて煮返すと、再利用できます。

ゴーヤーピクルス煮

ゴーヤー好きな人ならゼッタイはまるこの一品。ゴーヤーを輪切りにして、種とわたごとらっきょう酢で煮るだけ。手間いらずで、保存がききます。できたてより、ちょっと冷めたほうがおいしく、たくさん食べられます。五、六本でつくっても煮ると少量になるので、家庭菜園でたくさんとれて食べ方に困っている方にもオススメです。

【材料】
ゴーヤー（細め）……食べたいだけ
鷹の爪……少々
らっきょう酢……適量

【つくり方】
①ゴーヤーを洗ってふき、1センチ弱くらいの厚さに輪切りする。種とわたはとらなくてよい。
②鷹の爪は種をとって輪切りにする。
③なべに種・わたごとゴーヤーを入れ、らっきょう酢をひたひたよりちょっと少なめに注ぐ。鷹の爪も入れ、まぜながらさっと煮る。

【ひと言】

ゴーヤーのおいしさの最大のポイントは煮すぎないことです。まだゴーヤーのグリーンがまだらに残るくらいが目安。苦みが入りすぎるので、汁が残ったら汁気を切って冷まします。種が大きくかたいときは、はずしてください。

ゴーヤーは生のまま冷凍ができるので、冷凍保存してつくることもできます。そのときは砂糖をちょっと加えてください。

酢だこ

とろっとカレー

豚ばら煮

酢だこ

酢のものをつくるのが苦手な人も、これなら簡単です。らっきょう漬けさえつくっておけば、漬け汁が万能調味料に早変わり。おいしい酢のものがあっという間にできます。たとえば、たこときゅうり、わかめときゅうり、もずく、山芋などなど。きゅうりやなすは塩もみして加えるのがコツ。即席の漬けもの代わりにもオススメします。

【材料】
たこ、きゅうり……食べたいだけ
らっきょう酢……適量
しょうがの絞り汁……少々

【つくり方】
①きゅうりは薄く輪切りにして、塩をふってもみ、洗ってぎゅっと絞る。
②たこは食べやすい大きさに切る。
③しょうがをすって、しぼる。
④器にたこときゅうりを盛り、上かららっきょう酢としょうがの絞り汁をかける。

【ひと言】

らっきょう酢が甘かったら薄口しょうゆ、すっぱかったらだし汁を加えて好みの味にしてください。

とろっとカレー

夏はスパイシーなものが食べたくなります。私のオススメは、なすをたくさん入れた夏野菜のカレー。とろーっとしておいしいのです。そして、カレーといえばらっきょう。らっきょうはカレーにつきものですが、わたしはカレーにらっきょう酢をふんだんに加えます。すると、あっさりとして胸焼けしません。やっぱり、カレーとらっきょうは友達です。

【材料】
なす……4、5本
玉ねぎ……3個
にんじん……1本
オクラ……食べたいだけ
だし汁……7カップ
市販のカレールー……適量
らっきょう酢……1カップ
濃口しょうゆ……少々

【つくり方】
①なすは皮をすべてむき、乱切りにして、軽く水につける。
②玉ねぎ、にんじんは小さく切る。
③オクラはゆでて、食べやすい大きさに切る。
④だし汁に玉ねぎ、にんじんを入れて煮て、八分目めくらい火が入ったらなすを加える。
⑤なすに火が通ったらカレールーを入れ、らっきょう酢を加えて煮る。
⑥好みの濃さになったらしょうゆで味を調え、オクラをちらす。

【ひと言】
私のカレーは肉なし。だしもイリコさんでとります。オクラは煮込まないでください。

豚ばら煮

脂の多い肉は苦手な私が、沖縄の豚肉料理に学んでつくりました。ポイントは豚肉をゆでてゆでて、とことんゆでること。そうすることで豚肉のほんとうのおいしさが味わえるのです。らっきょう酢が加わることで肉もやわらかくなり、煮込んでも味つけのくどさがなく、とにかくものすごくおいしい！生らっきょうやパインも一緒に煮ると味のアクセントになります。

【材料】
豚ばら肉……2kg
泡盛……1カップ
らっきょう酢……200cc
黒糖……大さじ10杯
濃口しょうゆ……200cc
水……200cc
生らっきょう、パイナップル（缶詰）……食べたいだけ

【つくり方】
①豚肉をブロックのまま水に入れて火にかけ、煮立ってきたら弱火にして泡盛を加えて30分ゆでる。
②30分経ったら水を替え、①と同じ要領でゆでる。
③もう一度水を替えて、ゆでる。泡盛は3回ゆでるたびに少しずつ分けて入れる。
④豚肉をゆで汁に入れたまま冷まし、適当な大きさに切る。
⑤なべにらっきょう酢、黒糖、しょうゆ、水を入れて豚肉を煮込む。
⑥豚肉に味がなじんだら、生らっきょう、パイナップルを加えて軽く煮る。

【ひと言】

豚肉は箸を入れたら身がすぐにほぐれるほどやわらかく煮ます。コクがあって、でもけっしてからくもなく、くどくもないのはらっきょう酢の力。酒の肴はもちろん、ご飯も進みます。

豆のヨーグルトサラダ

ところ天

豆のヨーグルトサラダ

豆類は植物性のたんぱく質が豊富で、体にいいので日常的に食べたい食品ですが、甘い煮豆はそんなに食べられません。どんな豆でもつくれて、お客さま料理にもいいのがこのサラダです。豆は形が崩れるのを気にせず、むしろ崩れるくらいやわらかく煮たほうがおいしい。それが家庭料理のよさです。

【材料】
白花豆、金時豆（どんな豆でもいい）
……食べたいだけ
ドレッシング分量
玉ねぎ……2分の1個
にんにく……1片
パセリ……適量
プレーンヨーグルト
……大さじ3～4杯
らっきょう酢……大さじ4杯
ブラックペッパー……少々

【つくり方】
①豆は水に一晩つけて戻し、やわらかくなるまでゆでる。
②玉ねぎとにんにくをすりおろす。
③パセリをみじん切りにする。
④すりおろした玉ねぎ、にんにくにヨーグルト、らっきょう酢、パセリ、ブラックペッパーを加えて混ぜ合わせる。
⑤器に豆を盛り、ドレッシングをかける。

【ひと言】

圧力なべを使うと短時間で豆をゆでられます。コトコトゆでた味にはかないませんが、時間節約には便利です。

ドレッシングは食べるときにかけてもいいですし、豆と混ぜ合わせておいても味がなじんでおいしいです。レタスやサラダ菜、生春巻きに巻いてもいいですよ。

ところ天

私はところ天を食べるとき、薬味を食べているのかところ天を食べているのかわからないくらい、いろいろ加えます。わかめやもずく、きゅうりなども和えて、たくさん食べます。

一般には酢じょうゆか黒みつで食べる人が多いと思いますが、私のオススメはらっきょう酢です。そのままでもいいですが、ごまをふり、薬味をふんだんに使って、かぼすやレモンなど柑橘をちょっと絞ってみてください。ぐっと味がよくなります。

【材料】
ところ天……食べたいだけ
しょうが、みょうが、青ねぎ……適量
洗いごま……適量
らっきょう酢……適量
カボスかレモン……適量

【つくり方】
①しょうが、みょうがは千切りにする。
②青ねぎを小口切りにする。
③ごまを炒る。
④ところ天は洗って水気を切り、器ごと冷やしておく。
⑤食べるときに、しょうが、みょうが、青ねぎをちらし、炒ったごまを指でひねりつぶしながらかけ、らっきょう酢をかける。

【ひと言】
らっきょう酢にしょうゆを落とすとよりマイルドになります。

なすの丸ゆで

焼きなすは皮をむきますが、ゆでなすは皮ごとヘタも食べられます。切ってゆでると水っぽくなるので、丸のままゆでて冷まし、ざっくり切ります。余熱で火が入るので長々ゆでなくてもいいのです。

うまみのつまったなすをおいしくいただくには酢みそがいちばん。そこで、らっきょう酢を活用しない手はありません。

ところで、みそ汁の具になすを使うときは、ヘタも入れると汁の色が黒くなりません。ヘタってすごい！　捨てるところなんてないのです。

【材料】
なす……食べたいだけ
酢みその分量
みそ……100g
らっきょう酢……大さじ6杯

【つくり方】
①なすを丸ごとゆでる。
②粗熱がとれたらヘタを切り、適当な大きさに切るか、手で裂く。
③酢みそをつけて食べる。

【ひと言】
夏は皿ごと冷～たく冷やして食べると、なおおいしいです。青じそや青ねぎ、しょうがを刻んで薬味代わりにするのもいいものです。

なすの丸ゆで

らっきょうの醍醐味

たたきらっきょう

生で、らっきょう

一年の半分はらっきょう三昧
鹿児島は日本一のらっきょう好き

スーパーに行けば、きゅうりやトマト、大根、ほうれん草などが年中売られていて、野菜や果物の旬がわかりにくくなりました。クリスマスにイチゴが出回るのも不思議に思わなくなったほど。ハウス栽培や輸入物がそれを可能にしているのですが、だからといって旬がわかりやすいものがないかというと、そうではありません。春のたけのこや初夏の空豆、秋の松茸など風物詩のように店頭に並びます。

昔は、旬には食べきれないほど採れる野菜や山菜、海藻などを、たいていは塩漬けにしたり乾物にして保存食にしました。今は冷凍技術も進み加工品が手軽に買えるようになり、家庭での保存食づくりも一般的ではなくなってきましたが、これだけは自分の手でつくりたいと思う食材はあるのではないでしょうか。

鹿児島市内の朝市のようす

日本伝統の漬物のシンボルともいえる梅干しとらっきょう漬け、このふたつの食材も、六月から七月にかけて暦どおりに顔を出してくれます。その旬は短く、手づくり派にとっては一年分の仕事を立て続けにしなくてはならない季節でもあります。

ところが、日本全国どこでも旬が同じなのではありません。鹿児島では、らっきょうの旬がとても長いのです。九州の南端だから旬が一足早く訪れるところだとはいえ、早春と呼ぶにも早い二月の中旬、鹿児島市内の朝市には早くもらっきょうが並び始めます。それから八月のお盆前まで山積みのらっきょうが売られているのです。鹿児島の人はなんと、一年の半分はらっきょうを食べていることになります。

らっきょうというと甘酢漬けが一般的なので、甘酢漬けのためだけならなぜ、そんなに長い期間、野菜のように市場に出るんだろう、と不思議に思う人も多いでしょう。じつは、鹿児島の人にとってらっきょうとは、生で食べるもの。出盛りの六、七月ころには「あんまり食べすぎて、胃が痛い」という人もいるくらいなのです。

酢みそ和えに、たたきらっきょう、にぎりずし「生」で食べる食文化

では、生らっきょうをどうやって食べるのか。もっともポピュラーな食べ方は薄く切って、酢みそで和えるだけ。その場で和えてすぐに食べるのが好きな人もいれば、酢みそがなじんだほうが好きなので、つくるときは二、三日分はつくって毎日のように食べるという人もいます。切り方にもうるさく、スライスするのでなく包丁の柄で叩く「たたきらっきょう」がうまいと主張する人もいます。酢みそよりかつお節をかけてポン酢で食べるのが好きという人もいて、それぞれに自分流の食べ方へのこだわりもあるのです。

市内のおすし屋さんの中にはすしダネにしている店もあり、人気を呼んでいます。ある店では薄く切ったらっきょうが、にぎりで登場してきます。薄塩の酢水に軽く漬けることで、からみもほどよく抜けていて、生らっきょうのもち味であるシャリシャリとした食感のさわやかなこと、なかなかの逸品です。店の大将のオリジナルですが、これもらっきょうは「生」で食べるという薩摩の食文化から生まれたすしだと思います。

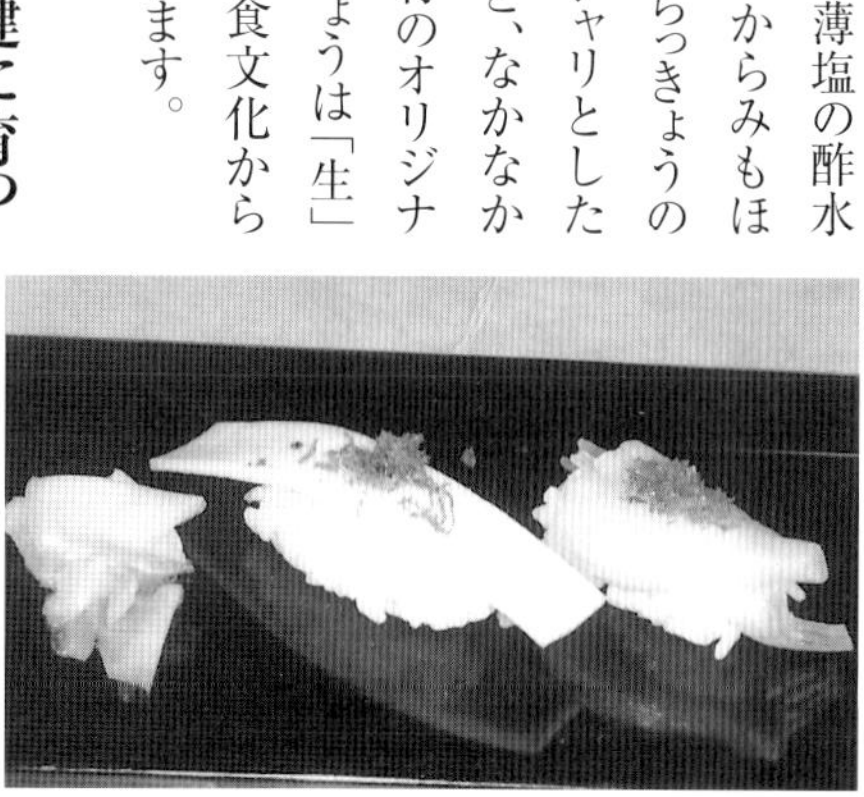

らっきょうのにぎりずし（右。鹿児島のすし屋さんで）

シラス台地にも頑健に育つ鹿児島の泥らっきょう

鹿児島の人にとってらっきょうは、たいへんなじみ深い食べものです。

らっきょうの産地としては、「砂丘らっきょう」の代名詞にもなっているほど有名な鳥取県、「花らっきょう」の名で知られるらっきょう漬けの加工出荷が盛んな福井県があります。鳥取砂丘に福井は三里浜砂丘地帯と、らっきょうのイメージは砂丘と結びついていますが、生産量の全国一は鹿児島です。鹿児島にも吹上浜の砂丘があり「砂丘らっきょう」はつくられていますが、それ

以上に、昔から県内至るところにはらっきょう畑があって、自家用含めて盛んにつくられてきたのです。鹿児島ではこれを「泥らっきょう」とよんで、身近な野菜として普段の食卓にのせてきました。鹿児島県内に広がるシラス台地は、厚い火山灰土壌におおわれ農地としてはやせた土地ですが、そんな土壌であっても根を広げ、たくましく育つ作物がらっきょうだったのです。

シラス台地でのらっきょうづくり　（撮影　千葉　寛）

このらっきょうを、生で食べるのです。鹿児島では昔、さつまいもも生でもかじって食べていました。生で食べた経験のある人は、硬くてほのかに甘さを感じたものだといいます。生で食べられるものはとにかくまず生で食べる、そこにおいしさもあるという、食べることへの野生性みたいなものが食べもののたくましさとともに根強くのこっている気がします。

らっきょうは暑さ寒さにも強く、乾燥にも強いので砂地や潅水なしの荒れ地にでさえつくれるありがたい作物です。砂丘地帯が産地化した理由もひとえにそうしたらっきょうの頑健さにあります。しかも、数日で二倍、四倍とねずみ算式に増えていくほどの繁殖力があり、一株から一年で六〇球、一〇〇球になるものもあります。さらに、連作もできるという重宝さ。昔の人は、掘ったつもりでもまだ残っているのがらっきょう、だから「らっきょう畑は人に貸すな」と言っていました。確かに、お店に売られているらっきょうでさえ、買ってきたら一日たりとも放っておけません。すぐにぐんぐん芽がでてくるのですから、ものすごい生命力です。らっきょうのもつ、この根っこのたくましさには、何かすごい薬効のようなものがあるのではないか、そう思わせるパワーがあります。

男性が好む「野菜の精力剤」生で食べれば力がみなぎる

らっきょうについての聞き取りをしているうちに、らっきょうが好物だという人は、圧倒的に男性に多いということに気づきました。らっきょうはなぜ、男性が好むのか。その疑問を探るうちに、生らっきょうは「野菜のなかの精力剤」だといわれていることがわかってきました。

もともと人間は、生で食べられるものは何でも生で食べました。そして、食べものから薬になるものを見つけてきました。らっきょうも中国からいつ伝来したかははっきりしませんが、平安時代のころから食べられていたようで、当初は薬用でした。そのころの医書『医心方』には、「らっきょうを食べれば、精液などの体液がふえ、筋力も増し、消化にもいい」と書かれています。そして、古来お寺では修行僧が食べてはならないものでもありました。にんにくとともに、精のつく食べものとされていたからです。やはり、古くから体験的にわかっていたことなのかもしれません。

「塩だっきょ」は生食のための保存食
三日三晩干す「塩干し」もある

鹿児島では生でばかり食べているわけでもありません。保存食として食べるらっきょうもあります。昔流に方言でいえば、「塩だっきょ」。一斗の樽に二升の塩をしたといいますから、長期保存のための塩漬けです。冷蔵庫がなかった時代の保存法で、夏には三度の食事にもおやつ代わりにも欠かせなかったそうです。

今から三〇年以上前のことですが、鹿児島から大学進学で福岡に出てきた青年がお店でカレーを食べ、ついてきたらっきょうの甘さに驚き、世間ではらっきょうは甘酢漬けが一般的だということを知ってカルチャーショックを受けたという話があります。それほど鹿児島では、らっきょうといえば「塩らっきょう」があたりまえだったのです。

塩漬けはかつて他の地方でもされていましたが、甘酢漬けの普及とともにあまり一般的ではなくなっていきました。しかし、鹿児島では、甘酢漬けはまだまだ新しい保存法で、塩漬けがずっと主流です。食べるときに塩抜きをして、生で食べるときの食べ方ができるからです。生の時期がすぎても生の感覚でらっきょうを食べたいという発想があるのがわかります。

鹿児島の喜入町では、塩漬けにしたらっきょうを夏に、三日三晩天日に干します。この地方独特のもので、「塩干しらっきょう」とでもいいましょうか。まるで土用干しをする梅干しのようではありませんか。食べてみると、干すことでらっきょうのもつ甘味、うまみが引き出されていて、らっきょう嫌いな人でも食べやすい工夫になっています。さすがに鹿児島です。

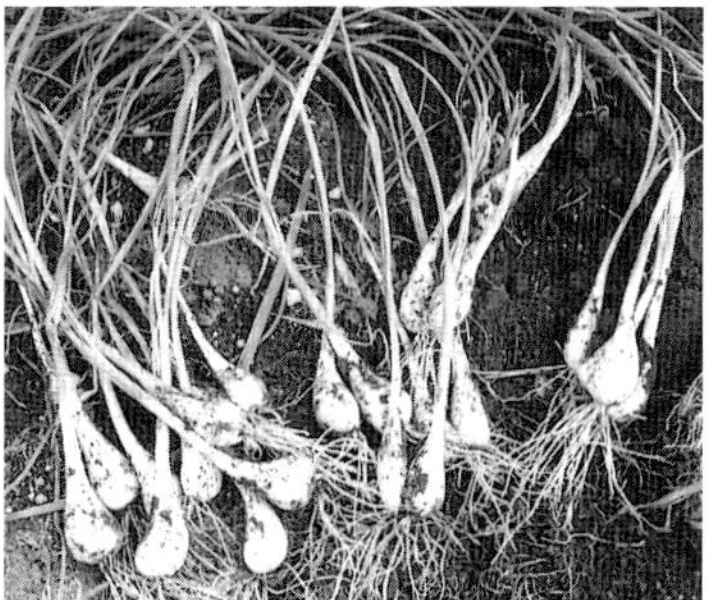
掘りあげたばかりのらっきょう

沖縄では島らっきょうを年中食べる
塩らっきょうで泡盛、てんぷらやチャンプルーにも

鹿児島以上に、旬が長く年中らっきょうを食べているのが沖縄です。沖縄在来の「島らっきょう」は小ぶりで、市場では葉つきで売られています。たいていは薄く塩をしただけの浅漬けにしてそのまま食べたり、かつお節に酢じょうゆをかけて食べています。ビールや泡盛のつまみによく合います。

近年は、てんぷらにするのもポピュラーです。ウチナーンチュは大のてんぷら好きなのです。てんぷらといっても、沖縄のてんぷらはもってりとした厚衣。その衣に味をつけるので、天つゆにつけずにそのまま食べます。輪切りにした芋やフーチバー（ヨモギ）、ゴーヤー、モロッコインゲンなどはさやのままダイナミックに揚げるのも沖縄らしく、かぶりついて食べるという気取りのなさ。お座敷てんぷらのように、氷を入れて衣をつくって薄くかりっと揚げるといったプロ的ワザなど不要の庶民の味なのです。

沖縄の代表的料理、チャンプルーにする人もいます。チャンプルーは豆腐が入った炒めもののことで、ゴーヤーチャンプルーがよく知られています。缶詰のポークを入れて最後に卵でとじるのが一般的になりましたが、肉なしでかつお節をかけ、塩味でつくるのが基本型。その基本ヴァージョンに島らっきょうはよく合います。

島らっきょうが主役のてんぷらやチャンプルーも、おかずというより泡盛を飲むときに最適です。鹿児島では芋焼酎が合うように、沖縄では泡盛が合うのです。

らっきょうの保存食としては「地漬《じーじき》」という黒糖漬けもあります。亜熱帯の島のため浅漬けやぬか漬けなどはすぐに傷み、本土のような漬物はあまり発達していません。長期保存は昔から、塩漬けをしたうえで黒糖に漬ける「黒糖漬け」が一般的でした。主に大根やゴーヤー、パパイヤ、そしてらっきょうを漬けます。見た目には奈良漬けのようで、お茶請けとしてよく食べられています。

もっちりとしたおいしさ
福岡、熊本にはらっきょうを煮る料理もある

鹿児島以外でも、九州には変わったらっきょう料理が伝わっています。福岡の筑豊地方では、らっきょうのことを「らんきょ」と呼び、生の時期におばいけ（鯨の皮下脂肪部分）と一緒に煮ます。

かつて九州には捕鯨基地が多かったため、鯨肉の料理が発達しています。長崎の雑煮には百尋（小腸）が欠かせませんし、肉じゃがの肉は鯨です。九州の山間部でよく食べられてきたのは塩鯨。だしとりを兼ねて煮しめに入れ、カレーにも入れていたほど。商業捕鯨禁止の今は、鯨料理は高級料理になってしまいましたが、もともとは庶民が食べていたふるさと料理です。

味つけはしょうゆと砂糖だけですが、らっきょうは煮るともちもちとしてゆり根を食べているような食感で、らっきょう漬けとはひとあじ違ったおいしさがあります。昔は掘ってきたときに大鍋いっぱいにつくっていたといいますが、鯨が高級になった今はもっぱらイリコでつくられています。

また、この地方では、祇園祭のときにらっきょうを食べると夏風邪や流行り病にかからないといわれていたそうです。らっきょうのふるさと料理が食べ継がれてきたのも、そのような風習があったからでしょう。

らっきょうを煮る料理は熊本の八代地方にも伝わっています。ほかにも、宮崎県椎葉村で、生のらっきょうを刻んでみそにまぜる「らっきょうみそ」があります。みそ漬けとはちがいますが、和えるだけでもなく、その中間くらいの状態で食べるのです。このように、らっきょうひとつにも、地方には地方の多様な食文化があるのです。

島らっきょう

甘酢漬けを簡単に

夜なべの皮むきに、複雑な工程 らっきょう漬けが嫌われる理由

らっきょう漬けは、一度チャレンジしてもうコリゴリだという人が多く、梅干し以上に挫折組が多いようです。その原因のひとつが皮むきの作業です。らっきょうをきれいに洗い一個一個、茎と根を切っていくのは手間と時間がかかり、夜中までらっきょうと格闘することになるからです。さらにもうひとつ、つくり方の難解さもひとつの理由になっているのではないでしょうか。一度塩に漬けて重石をして一〜二週間おくとか一日でよいなどその期間もまちまちで、このとき塩だけでなく水を加えたりと、下漬け法もいろいろあるようです。らっきょうは熱湯にくぐらせて甘酢も熱いままに漬けるとか、どちらも冷ましてから、いやらっきょうだけは熱いままで甘酢は冷ましてから漬けるほうが漬かりやすいなど、相反する説がいくつもあります。何がポイントなのかわからないというのも無理はありません。

そこで、「薩摩流」で学んだもっとも簡単で、しかも体によく、そして何よりも誰がつくってもおいしいと自画自賛できる方法をご紹介いたしましょう。これを知って以来、「らっきょう三昧」を楽しんでいるらっきょう好きとしては、オススメしないではいられないのです。

塩漬け不要のつくり方 らっきょうに酢と砂糖を加えるだけ

甘酢漬けが目的なら、らっきょうにいきなり砂糖と酢を加えてもらっきょう漬けができないわけではないのですが、鹿児島で「パパッち（パパッと簡単に）漬けるだけ」とか、「らっきょうをば、酢と砂糖に漬けます」という話を聞いたときには、びっくりしました。放っておけば砂糖は自然に溶けるのでそれでよく、酢は熱を加えないほうがいいに決まっているというのが理由です。

なるほど、すし飯の甘酢とはわけが違います。すし飯は炊き立てのご飯に甘酢を行き渡らせるため、そして砂糖が溶けるように熱する必要がありますが、ことらっきょう漬けにおいては、その必要はありません。

もともと塩らっきょうの文化はあっても、甘酢漬けは歴史がない鹿児島だからこそ、常識破りな「いきなり漬け」ともいえるものが生まれたのだろうかと思いきや、鹿児島に近い宮崎の山村など近隣の町村でも、以前から行なわれていました。料理書が地方の人でも広く手にするようになる遥か昔には、こういう庶民の智恵が近所近辺に伝わっていました。そして、それがもっとも役立つお手本なのです。

塩漬けで、らっきょうの栄養分が失われる？ エキスを生かす「パパッち漬け」

そもそもなぜ、最初に塩をするようになったのか。よくよく調べてみると、もともとは保存のため。甘酢漬けのために必要な過程ではなかったことがわかってきました。塩漬けにすることでらっきょうが乳酸発酵するので、うまみが増えるなどの効用はあるでしょう。しかし、栄養面から考えるとなんとももったいないのです。

梅干しの場合を考えると違いがよくわかります。梅干しは、梅を塩漬けしたときに出てくる梅酢に漬けこみますが、らっきょうを最初に塩漬けにすると、そのとき出てきた水分を甘酢漬けにする段階で捨てなくてはならず、らっきょうのエキスまでも捨てることになります。

らっきょうの栄養分については後述しますが、らっきょうには血液をサラサラにするなどもろもろの体にいい作用があり、それも生で食べることで薬効が得られます。水溶性食物繊維も生にはたいへん多く含まれていますが、塩漬けをすれば溶け出してしまいます。薬ともいえるらっきょうのエキスは捨てずにつくりたい、そういう意味でも「パパッち漬け」をオススメしたいのです。

らっきょうの甘酢漬けはいつごろ始まったのかというと、四〇〇年以上の歴史をもつ梅干しに比べると歴史はさほど古くはなく、大正初めごろ。しかし、保存食としてのらっきょうの塩漬けは、梅干し同様に古くからありました。

現在のらっきょう漬けの前身らしきものが書物に初めて登場するのは、江戸時代です。そのころのつくり方をみると、「生姜の薬を入れて塩をして重しをし、三〇日ほど経ってから出てきた水をこぼし、水気をとってかららっきょうを乾かして」いました。鹿児島喜入町の「塩干しらっきょう」に近いものです。このらっきょうは塩抜きをしてそのまま食べていたようですが、「これを砂糖蜜に漬けたり、あるいは酢を加えて食べる」とも書かれています。

大正時代以降、現在のような甘酢漬けが一般的なものとなって普及していきました。らっきょうを塩抜きして食べるだけではない新しい工夫として、甘みを加えたり、酢を加えるというアレンジが加えられ、おそらくは万人向きな食べやすいものへと変化していったのでしょう。つまり、現在、塩でいったん漬け込んでいるのは、塩漬けから次には甘酢漬けにもと段階的に変化したときの名残りではないかと思います。最近は塩漬けの期間も短くなってきているので、いずれこの工程は省かれていくでしょう。

黒糖は体によくてうまい！黒の食文化が生んだ「黒らっきょう」

鹿児島に行ってさらに驚いたのが、らっきょうの黒糖甘酢漬け、名づけて「黒らっきょう」です。白砂糖ではなく、黒糖のかたまりと酢で漬け込むのですが、これがじつにうまい。黒らっきょうは、白砂糖でつくるものに比べて、しつこい甘さがなく、すっきりとしています。漬けて日が経つごとにコクがでてきてすばらしいおいしさになるのです。黒糖から白砂糖へ精製することで失われる雑味のもつ複雑な味わいが変化を遂げているのだと思います。四、五粒くらいペロリといただけます。一度、この味を知ったら病みつきになる、そんな魅力的な味なのです。

現在、砂糖は、上白糖やグラニュー糖、氷砂糖、黒糖とあり、私たちは料理によって使い分けていますが、五〇〜六〇年前まではふだんの砂糖としては黒糖が一般的でした。

国産の砂糖づくりが始まった歴史は、薩摩を抜きにしてはありません。サトウキビの茎から絞りとった汁を煮詰めて砂糖をつくるという製糖技術が日本に定着したのは江戸時代半ばのことですが、もっとも盛んに行なわれたのがサトウキビの生育に合った沖縄、薩南諸島の島々でした。

この琉球・薩南諸島では、今も黒糖をそのままおやつに食べ、漬物にも使うなど昔ながらの食文化を伝えています。おばあたちに聞くと、「黒糖はそのものがおいしくて、体にいい」といいます。沖縄戦のときにも、黒糖によって息を吹き返したという話をよく聞きます。また、やけどのときに黒糖を水に溶かしてガーゼを浸し、患部に当て四、五回替えると痛みがおさまるという話も聞きました。病院がなかった時代の民間療法には食べもののもつ驚くべき効用があります。

黒糖は精製された白砂糖にはないミネラル分を豊富に含んでいます。カルシウムは白砂糖の二四〇倍、鉄分は四七倍、カリウムは一、一〇〇倍も含まれています。ビタミンB_1、B_2なども含まれた、アルカリ性食品です。この黒糖をらっきょう漬けにも使うとは、さすが薩摩、黒の食文化の地です。「黒豚」のおいしさで知られる鹿児島ですが、「黒」の食文化はこんなところにもありました。

鹿児島では黒酢に漬ける「黒酢らっきょう」もあります。鹿児島・福山町で二〇〇年前から伝統的につくられてきた黒酢は地元では「アマン」と呼ばれ、蒸した玄米を米麹と硬度の高いこの地方の水だけでつくります。薩摩焼きの黒い壷に入れて地中に埋めて一年間熟成させる独特の製法です。太陽と地熱によって糖化、アルコール、酢酸という三種類の発酵法によってできる黒酢は大変高価なものでした。近年、その栄養価が見直され、コレステロールや中性脂肪を低下させる働きがあるといわれ、ダイエットにも人気です。

おもしろいのは、黒糖に漬ける風習といい、黒酢らっきょうといい、一般にはらっきょうは白いものほど上等だといわれているのに、鹿児島の人は全く意に介していないことです。黒さを見た目の悪さとせず、味わいと滋養を大事にする質実剛健さは、鹿児島らしさでもあります。この気質こそが「黒らっきょう」を生んだのかもしれません。

黒糖

らっきょうの栄養学

血液サラサラ、心臓にもよし　若返りのヘルシー食材

らっきょうは漢方では薤白《がいはく》と呼ばれ、生薬のひとつです。昔から狭心症の特効薬ともいわれ、心臓疾患やぜんそくに用いられてきました。咳を鎮める作用の他にも、体を温め、血行をよくするなど、心と腎によい機能をもち、体力低下や精力減退、食欲不振などの症状にもいいとされています。

そして近年、らっきょうの新たな効能がわかってきました。玉ねぎに血糖値やコレステロール値を下げて血液をサラサラにする効果があることはよく知られていますが、じつはらっきょうにも玉ねぎ以上の強大な血液浄化作用があるというのです。血小板の凝集を防ぎ、血液をサラサラにする効果があることが確認されています。

玉ねぎを生のままスライスすることで血液サラサラ効果が得られるのと同様で、らっきょうも生のままスライスするのが一番。しかも、少しだけ時間がたったほうがよいのです。らっきょう独特の匂いも三〇分ほどたてば気にならなくなります。さらに、空気に触れることで効果も増大します。らっきょうは生のまま、刻んで酢みそ和えにして、味がなじんだくらいで食べる鹿児島のふるさと料理は大変効果的だといえます。

らっきょうが嫌いという人に理由を聞くと、たいてい匂いがダメだといいます。あの独特な匂いは、納豆嫌いにも通じるものがあるのでしょうか。しかし、この匂いの成分S―アルキルシステインには、脳細胞の酸化防止に効果があることもわかってきています。心臓によく、脳を活性化させ、ボケを防止するには、らっきょうがいい。まさに高齢化社会向けのヘルシー食材そのものといっていいでしょう。

豊富な食物繊維で便秘解消
解毒やダイエットにも最適

らっきょうには、食物繊維も多く含まれています。生のらっきょうの一〇〇グラム当たり食物繊維の総量は二一・〇グラムです。食物繊維が多いといわれているごぼう（ゆで）は六・一グラム、おから（新製法）は一一・五グラムですから、これらと比べてみても遥かに効率よく摂ることができ、便秘の解消にもいい食材であることがわかります。経験的にいえば、食べ過ぎるとおならを出す力も同時に発揮するようで、頻発するのが難点なのですが、全く臭くないのは不幸中の幸いです。排便効果をも高めているからなのでしょう。漢方ではどんなに体によい食べものだからといって多食すればよいというものではない、少しずつでも毎日のように食べるほうがはるかに滋養効果を高める、持続こそ大事だという考え方をします。らっきょうも一日、三〜四粒食べればよいのです。

最近の研究では、有害化学物質の排出効果があるということまでわかってきました。ねぎや玉ねぎ、にんにくにも含まれるセレニウムという物質で、らっきょうに非常に多く含まれています。とくに水銀の排出には効果があるといわれています。また、セレニウムは熱にも強く、加熱調理しても効果がなくなることはないといわれています。便秘を解消しながら、同時に解毒作用を発揮してくれるらっきょうは、まさにダイエットにも最適の食材といえます。

◎らっきょうの食物繊維の含有量（100gあたり）

	水溶性（g）	不溶性（g）	総量（g）
らっきょう（生）	18.6	2.4	21.0
らっきょう（甘酢漬け）	1.4	1.7	3.1
ごぼう（ゆで）	2.7	3.4	6.1
おから（新製法）	0.4	11.1	11.5

薬効は、生で食べるのが一番
エキスのつまった甘酢も宝もの

さまざまならっきょうの薬効がわかってくると、いかに食べるかを考えざるえません。血液サラサラ効果や心臓や腎臓への働きを考えると、まずは生で食べるのが一番ということになります。そして、このらっきょうのもつ薬効を凝縮させたらっきょうのエキスを逃してはもったいない、むしろこのエキスを積極的に料理に生かしたいと思うのです。

そこで、甘酢漬けです。らっきょうの薬効を効率よく摂るには、塩漬けしたり、お湯に通したりはしないで、直接、甘酢に漬けたほうがよいということになります。そのエキスの出た漬け汁（らっきょう酢）を捨てるなどもってのほか。この漬け汁こそ、薬。生かさない手はありません。昔のおばあちゃんたちはそうめんを食べるときに、つゆが薄くなるとらっきょう酢を加えたり、酢の物に加えて味をまろやかにしました。

もっともっと生かしてみたのが、酢のものがなくては生きていけないというほど、すっぱいのが大好きなふるさと料理人です。そして判明したことは、らっきょう酢を料理に使えばいろいろな料理の味つけがあっとおどろくほど簡単で、しかも数倍おいしさが増すということです。本書でも紹介している「あちゃら漬け」などの酢のものにはそのまま使えます。自分の好みの甘さにつくった甘酢なのですから、そのままみそをまぜるだけで酢みそもできます。サラダなどのドレッシングに加えてもマイルドな味になります。豚の角煮などの煮込みにはコクを与えてくれます。ゴーヤーを甘酢だけで煮るのもおいしいものです。とにかく、らっきょう漬けは甘酢のほうが先になくなるくらい、今では、らっきょう酢ほしさにらっきょうを漬けるようになってしまったほどです。

生食しても体を冷やさない
らっきょうは野菜のスーパースター

料理の文化は、火を使うことからはじまりました。鉄器をつくり、調理する食術は発達していきました。その料理が創作性を帯び、芸術やファッションの域にまでなってしまった現代、どういうわけか「生食」へと再び、回帰しつつあるようです。

古来より葉つきの植物で薬の役割を果たしたものは少なくありません。その多くは、生のまま、あるいは乾燥させて煎じたり、または塩漬けと、加熱処理をせずに保存性を高めて薬効を引き出すようにしました。お茶の葉、よもぎをはじめ、にらや、ねぎ、にんにく、しょうが、梅や、らっきょうなど。その多くは「生のまま食べる」ことで原初の薬食のかたちを残しているのです。

野生植物の栽培から始まった野菜は、生産性を高め、食べやすさを求めるうちに、品種改良が進み、アクや臭い、酸味といった個性は失われていきました。並行して野菜に含まれる栄養成分は減少しています。本来なら、昔以上に野菜が多食できるように、多種類の野菜を食べなければならないのですが、若い人たちは煮ものをしなくなり、野菜はサラダでばかり食べるようになりました。昔は、畑で採れる旬の野菜はその時期そればかりを食べなくてはならず、たけのこならたけのこを、大根なら大根をいかに多食できるかを工夫せざるえませんでした。今は食べたいものが季節さえ選ばず手に入る時代。加熱調理の手間がかからない簡便性としての「生食」への移行が始まっているのです。

広く浅く食べ栄養を摂取していた野菜が添えもの、義務的な食べものになると、野菜の栄養価は高いことが条件となります。スプラウト（新芽野菜）がもてはやされているのは、生食できて、ビタミンやミネラルを効率よく摂れるためといえるでしょう。

ところが、生食するものは夏が旬の果菜類などのように、体を冷やすものが多いのが難点です。その中で、生食できるらっきょうは、野菜の中では珍しく「体を温める」食材なのです。しかも、栄養価が高い。ですから、生野菜のサラダにもらっきょうを二〜三粒でも刻んで加えることで、バランスのよい食べ方になります。栄養価の高いものを、少量で効率よく「生」で食べることが求められている現代、らっきょうは現代人に必要な、これからをときめくスター性をもつ、パワフルな〝薬〟のごとき野菜なのです。

生で、らっきょうの膳

著者略歴

藤　清光（とう　せいこう）・料理とレシピ
ふるさと料理人

1950年福岡市生まれ。地域の食材と調理法に興味をもち、実践的研究を続ける。食と健康をテーマにした講演会やテレビ・ラジオなどの料理番組では、博多弁をまじえたユーモアのあるトークと料理実演で人気を集め活躍中。中山美鈴氏とともに“ふるさと料理”の聞きとりを続けている。実家は博多の老舗の寿司屋。

共著に『「にがい」がうまい　まるごとあじわうゴーヤーの本』『梅ぢから びん干し梅干しから梅酢みそまで』（農文協）、『たべる、おきなわ 本土でつくる沖縄の家庭料理』『今、すぐ食べたい　九州各地・島のうまいもの集』、著書に『日本の田舎料理』『ふるさとがうまい』『「すっぱい」がうまい　梅のレシピ集』『「からい」がうまい　生姜のレシピ集』（いずれもエリス）など。

中山美鈴（なかやま　みすず）・文
食文化研究家

1958年福岡市生まれ。西南学院大学文学部英文学科卒業。ミニコミ誌の編集発行人などを経て、1995年に「食・生活文化研究所エリス」を設立。九州を拠点に、地方文化と人、風土、食についての取材活動とともに、各地に伝わる“ふるさと料理”の聞きとりを続けている。著書に『ふるさとの食卓』（葦書房）、共著に『「にがい」がうまい　まるごとあじわうゴーヤーの本』『そだてててあそぼうニガウリ（ゴーヤー）の絵本』『梅ぢから　びん干し梅干しから梅酢みそまで』（農文協）、『たべる、おきなわ　本土でつくる沖縄の家庭料理』『今、すぐ食べたい　九州各地・島のうまいもの集』（いずれもエリス）など。

生で 煮て 揚げて 炒めて
らっきょう三昧

2006年3月25日　第1刷発行
2008年5月20日　第6刷発行

著者　藤　清光
　　　中山美鈴

発 行 所　社団法人　農山漁村文化協会
郵便番号　107-8668　　東京都港区赤坂7丁目6-1
電　話　03(3585)1141(営業)　03(3585)1145(編集)
FAX　03(3589)1387　　振替　00120-3-144478
URL http://www.ruralnet.or.jp/

ISBN978-4-540-05248-4　　DTP制作／design POOL
〈検印廃止〉　　印刷／(株)東京印書館

製本／笠原製本(株)
Printed Japan　　定価はカバーに表示
乱丁・落丁本はお取りかえいたします。